Herzlichen Glückwunsch!

Sie halten ein ganz besonderes Schwangerschaftstagebuch in Händen – ein Buch, das nicht nur mit Humor und Sarkasmus die aufregende Reise der Schwangerschaft begleitet, sondern auch wertvolle Tipps und lustige Fakten bietet. Für die werdende Mutter gibt es Achtsamkeitsübungen und für den Partner? Nun, ein Augenzwinkern in Richtung Biergenuss.

Aber denken Sie daran: Dieses Buch ist mehr als nur ein Geschenk. Es ist eine Einladung, gemeinsam als Familie zu wachsen. Die Schwangerschaft ist eine Zeit, in der die Bindung zwischen Ihnen und Ihrem Partner sowie Ihrem ungeborenen Kind im Vordergrund stehen sollte.

Deshalb möchten wir betonen, dass der bewusste Umgang mit Alkohol besonders wichtig ist. Es geht nicht darum, den Genuss vollständig zu verbieten, sondern um ein Bewusstsein dafür, dass die kommenden Monate eine Zeit des Wandels, der Verantwortung und der Vorfreude sind.

Genießen Sie die Lektüre, lachen Sie gemeinsam, und erinnern Sie sich daran, dass das größte Abenteuer noch vor Ihnen liegt!

Hier schommal 3 wichtige Tipps für eine Schwangerschaft und das Eltern werden:

1 Kommunikation ist der Schlüssel
Sprechen Sie offen und ehrlich über Ihre Gedanken, Gefühle und Ängste bezüglich der Schwangerschaft und der bevorstehenden Elternschaft. Für die Zukunft ist es auch wichtig, klar zu kommunizieren, ob der Mann jetzt noch ein Bier trinken kann oder das Baby in den nächsten 10 Minuten Hunger bekommen kann.

2 Informieren und Vorbereiten
Nutzen Sie die Schwangerschaft, um sich gemeinsam zu informieren. Lesen Sie Bücher über Schwangerschaft und Elternschaft, besuchen Sie Vorbereitungskurse und sprechen Sie mit anderen Eltern vielleicht bei einem (alkoholfreien) Bier.

3 Zeit für sich und die Partnerschaft
Tauschen sie mal die Flasche Bier, gegen eine Tasse Tee mit ihrer Partnerin Während die Vorbereitung auf das Baby wichtig ist, sollten Sie nicht vergessen, sich auch Zeit für sich selbst und Ihre Beziehung zu nehmen. Planen Sie regelmäßige Date-Nights oder gemeinsame Aktivitäten, die nichts mit dem Baby zu tun haben. Dies hilft, die Beziehung zu stärken und sorgt dafür, dass Sie auch nach der Geburt des Kindes ein starkes Fundament als Paar haben..

Du wirst Mama

Hier ist Platz für ein Ultraschallbild

An diesem Tag habe ich von dir Erfahren:

....

So hat der Partner reagiert:

....

....

....

....

Wie lange habt ihr probiert schwanger zu werden?

....

Wer waren die ersten fünf Personen, denen du es erzählt hast?

....

....

Welche körperliche Veränderung nimmst du wahr?

....

....

Welche Erwartungen hast du an die kommenden Monate
   (an deinen Mann) bevor das Kind zur Welt kommt?

....

....

....

Wie viel Bier trinkt dein Mann zum jetzigen Zeitpunkt bis er betrunken ist?

....

Und jetzt noch die wichtigste Frage:
Vermisst du es Bier zu trinken? Oder überlässt du das lieber deinem Partner?

....

....

Du wirst Papa

Hier ist Platz für ein Foto von deinem Bierbauch

An diesem Tage hat es mir deine Mama erzählt:

....

So habe ich auf die Überraschung reagiert:

....

....

....

....

Wer waren die ersten 5 Personen dennen du es erzählt hast?
Wie viele Bier hast du dabei getrunken?
....

....

Welche körperliche Veränderung nimmst du wahr?
....

....

Welche Erwartungen hast du an die kommenden Monate
   (an dich selbst) bevor das Kind zur Welt kommt?
....

....

....

Wieviel Bier kannst du zurzeit trinken ohne "betrunken" zu sein?
....

....

10 humorvolle Fakten für werdende Eltern

1 Der Nestbau- Instinkt
Den Nestbau-Instinkt gibt es wirklich. Viele Eltern ertappen sich selbst dabei wenn sie das Kinderzimmer um Mitternacht neu streichen.

2 Der Supergeruchssinn
Viele schwangere Frauen entwickeln einen so starken Geruchssinn, dass sie oft schon beim Hereinkommen durch die Tür riechen können, wie viele Bier der Mann getrunken hat.

3 Schwangerschaftsbrain
Das Schwangerschaftsbrain gibt es wirklich. Jedoch nicht wenn es darum geht wie viele Bier der Partner schon getrunken hat. Außer man hat Glück und die Frau ist stark davon betroffen.

4 Mitternachtssnacks
Diese können sehr Kreativ werden. Denken Sie an die Kombination Eis mit Gurken.

5 Vaterschafts-Kilos
Werdende Väter können zusätzlich zum Bierbauch auch noch "Papa-pfunde" dazugewinnen, dank des Mitessens bei den Gelüsten der Frau.

6 Google wird zum besten Freund
Werdende Eltern googeln fast alles — von 'Wie oft wechselt man einem Baby am Tag die Windeln?' bis hin zu 'Wäre es verwerflich, sich bei jedem Windelwechsel ein Bier zu gönnen?

7 Babygespräche
Sie werden anfangen in Babysprache zu reden. Ständig.
Nicht nur mit dem Baby sondern auch beim Bier trinken mit Freunden.

8 Kissenberge
Um die richtige und angenehme Lagerung während der Schwangerschaft zu gewährleisten, nutzen viele Frauen eine Vielzahl von Kissen, darunter oft ein Seitenschläferkissen oder ein Stillkissen, sodass das Bett mit so vielen Kissen ausgestattet ist, als hätte man ein ganzes Möbelhaus darin untergebracht.

9 Strategische Routenplanung
Zukünftig werden Spaziergänge und Autorouten nach den Toilettengängen berechnet.

10 Unerwartete Talente
Eltern entwickeln oft erstaunliche "Super Reflexe", um fliegende Teller oder auch einen Besuch im Krankenhaus zu verhindern.
Jetzt gilt herauszufinden, ob der Partner bessere Reflexe hat, wenn er ein paar Bier trinkt oder nicht?

12. Schwangerschaftswoche

Datum: .... bis ....

....

Ich fühle mich:

Sehr gut   Normal   Schlecht

Erlebnisse in dieser Woche:

....

....

....

Meine Gedanken und Gefühle:

....

....

....

Wenn euer Baby einmal ein Lied über Papas Bierabenteuer schreiben würde, wie könnte der Titel lauten?

....

Hier ist Platz für ein Bauchfoto

Die ersten 12 Wochen

Wann bist du dazu gekommen, es endlich auszufüllen:

Wie viel Umfang hat dein Bierbauch

....

Ich fühle mich:

○ Ruhig   ○ sehr Glücklich

○ Verwirrt   ○ überfordert

○ unsicher   ○ hilflos

Natürlich kann man dabei mehrere Varianten auswählen!

Hier ist Platz für deinen Bierbauch

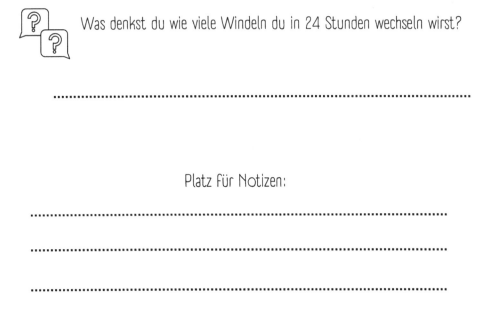

Was denkst du wie viele Windeln du in 24 Stunden wechseln wirst?

....

Platz für Notizen:

....

....

....

Schwangerschaftsmythen und Realität

Als ich schwanger wurde, hatte ich eine ziemlich klare Vorstellung davon, wie diese magischen neun Monate verlaufen würden. Dank der Weisheiten von Großmüttern, Internetforen und zahlreichen Schwangerschaftsbüchern war ich mir sicher, dass ich bestens vorbereitet war. Aber wie sich herausstellte, war die Realität eine völlig andere Geschichte.

Mythus 1 Du wirst während der Schwangerschaft strahlen.

Die Realität: 'Strahlen' fühlt sich eher an wie das schwache Leuchten einer blassen Glühbirne im Dunkeln, besonders angesichts der anhaltenden Morgenübelkeit. Statt frische, rosige Wangen zu haben, fühlt man sich manchmal eher wie ein Zombie.

Mythus 2 Du wirst seltsame Gelüste haben.

Die Realität: Das ist halb war. Oftmals sind diese Gelüste so speziell, dass es beispielsweise unbedingt das Eis aus einer Eisdiele sein muss, die 30 Kilometer entfernt ist.

Mythus 3 Du wirst während der Schwangerschaft eine besondere Verbindung zum Baby spüren.

Die Realität: Man erlebt diese Verbindung häufig in Form von nächtlichen Bewegungen des Babys, so als ob es sich für einen Marathon im Bauch vorbereitet. Diese Momente fühlen sich an wie eine lebhafte Party im eigenen Körper, zu der man zwar nicht explizit eingeladen wurde, aber dennoch Teil davon ist.

Mythus 4 — **Du darfst keinen Kaffee trinken.**
Die Realität: Häufig empfehlen Ärzte 'in Maßen' zu genießen. Das bedeutet, man könnte seine tägliche Kaffeemenge bis auf den Millimeter genau abmessen, um sicherzugehen, dass man sich innerhalb des empfohlenen Limits bewegt.

Mythus 5 — **Schwangerschaft ist eine ruhige und friedliche Zeit.**
Die Realität: Es ist ein Wirbel aus Arztterminen, dem Einrichten des Babyzimmers, der Suche nach dem perfekten Namen und dem Anblick des Partners, der sich nebenan ein Bier nach dem anderen gönnt. Ruhige Momente findet man da meist nur auf der Toilette, die man während der Schwangerschaft ohnehin häufiger aufsuchen muss.

Mythus 6 — **Du wirst instinktiv wissen was zu tun ist.**
Die Realität: Meisten sagt einem der Instinkt nur das man einfach nur schlafen möchte. Da fühlt sich die "mütterliche Intuition" oft einfach nur wie ein großes Fragezeichen an.

DON'T FORGET

Am Ende dieser turbulenten, manchmal chaotischen, aber immer unvergesslichen Reise kann man einiges lernen: Die Schwangerschaft ist so einzigartig wie das Leben selbst. Kein Buch, kein Ratgeber, kein gut gemeinter Tipp kann wirklich vorbereiten auf das, was kommt. Aber genau das macht das ganze Abenteuer so besonders und wunderbar.

Essenstagebuch
Die Abenteuer der Schwangerschaftrsgelüste

13.-16. Schwangerschaftswoche

Meine Gelüste:

....

....

Meine Gerdanken dazu:

....

....

Die Wahrscheinlichkeit, dass ich es nach der Schwangerschaft weiterhin essen werde, beträgt

0% ──────────────────────── 100%

17.-20. Schwangerschaftswoche

Meine Gelüste:

....

....

Meine Gerdanken dazu:

....

....

Die Wahrscheinlichkeit, dass ich es nach der Schwangerschaft weiterhin essen werde, beträgt

0% ──────────────────────── 100%

21.-24. Schwangerschaftswoche

Meine Gelüste:

....

....

Meine Gerdanken dazu:

....

....

Die Wahrscheinlichkeit, dass ich es nach der Schwangerschaft weiterhin essen werde, beträgt

0%   100%

25.-28. Schwangerschaftswoche

Meine Gelüste:

....

....

Meine Gerdanken dazu:

....

....

Die Wahrscheinlichkeit, dass ich es nach der Schwangerschaft weiterhin essen werde, beträgt

0%   100%

29.-32. Schwangerschaftswoche

Meine Gelüste:

....

....

Meine Gerdanken dazu:

....

....

Die Wahrscheinlichkeit, dass ich es nach der Schwangerschaft weiterhin essen werde, beträgt

0% ──────────────── 100%

33.-36. Schwangerschaftswoche

Meine Gelüste:

....

....

Meine Gerdanken dazu:

....

....

Die Wahrscheinlichkeit, dass ich es nach der Schwangerschaft weiterhin essen werde, beträgt

0% ──────────────── 100%

37.-40. Schwangerschaftswoche

....

....

....

....

Die Wahrscheinlichkeit, dass ich es nach der Schwangerschaft weiterhin essen werde, beträgt

0% ▭ 100%

DON'T FORGET

Die Schwangerschaft ist eine Zeit der Wunder, der Veränderungen und der außergewöhnlichsten Essensgelüste. Alles beginnt oft harmlos, beispielsweise mit einem plötzlichen, unstillbaren Verlangen nach Erdbeeren um Mitternacht. Es gibt Tage, an denen man zum Frühstück Essiggurken mit Erdnusscreme verspeist, gefolgt von einem Mittagessen, bei dem Oliven auf Schokoladenkuchen die Hauptrolle spielen. Derweil wird man vom Partner mit einer Mischung aus Staunen und leichtem Entsetzen beobachtet, denn seine einzigen Gelüste richten sich nach Bier. Aber trotz all der Skurrilität bringen diese Gelüste auch Freude und Lachen. Sie sind ein humorvoller Teil der Schwangerschaft und eine Erinnerung daran, dass das Leben manchmal auch ein wenig verrückt sein kann.

Das zweite Trimester

4.–6. Monat (13.–24. Schwangerschaftswoche)

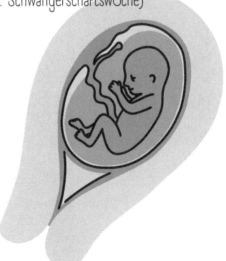

13. Schwangerschaftswoche

Datum: _____ bis _____

Ich fühle mich:

Sehr gut   Normal   Schlecht

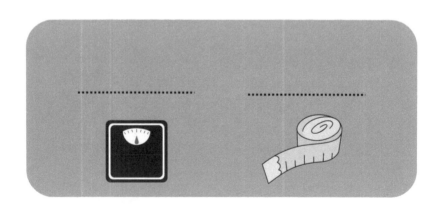

Meine Gedanken und Gefühle:

....

....

....

Erlebnisse in dieser Woche:

....

....

....

Wie kannst du deinen Partner davon überzeugen kein Bier zu trinken? Zieht dabei die Masche mit: Ich bin schwanger und trinke auch nichts?

....

....

14. Schwangerschaftswoche

Datum: _____ bis _____

Ich fühle mich:

Sehr gut   Normal   Schlecht

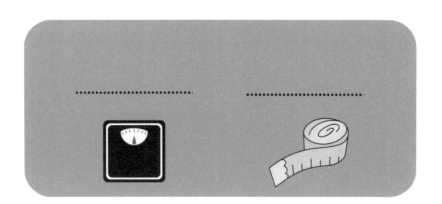

Meine Gedanken und Gefühle:

....

....

....

Erlebnisse in dieser Woche:

....

....

....

Glaubst du, das euer Baby später Papas Bierliebe erben wird oder es mehr nach der Mama kommt und einen Tee bevorzugt?

....

....

Was ist das Verrückteste was du in deiner Schwangerschaft tun möchtest?

....

15. SCHWANGERSCHAFTSWOCHE

Datum: bis

Ich fühle mich:

Sehr gut   Normal   Schlecht

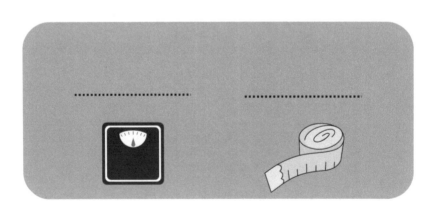

Meine Gedanken und Gefühle:

....

....

....

Erlebnisse in dieser Woche:

....

....

....

Welchen Beruf hofft ihr, dass euer Baby niemals ausüben wird?

....

....

WHATS YOUR NAME, BABY

Warum jeder Name eine Geschichte hat

Die Suche nach dem perfekten Namen kann eine echte Herausforderung sein. Bei der Durchsicht unseres sozialen Umfelds entstehen oft skurrile, lustige oder unangenehme Assoziationen mit verschiedenen Namen. Da wäre beispielsweise die gruselige Nachbarin Elke, die 15 Katzen hat und nie das Haus verlässt, oder der aufdringliche Onkel Eric, der nach ein paar Bieren immer anfängt, mit jüngeren Frauen zu flirten.

Man wälzt Namenbücher und Internetlisten, in der Hoffnung, diesen einen einzigartigen Namen zu finden. Nach vielen Diskussionen mit Freunden, die oft bei einem entspannten Bier enden, wird einem klar, dass es gar nicht so einfach ist. Die perfekte Wahl ist ein Abenteuer für sich. Aber eines ist sicher: Der ideale Name wird euch finden – vielleicht gerade dann, wenn ihr es am wenigsten erwartet.

Wir haben da mal ein paar Namen herausgesucht..

NAMENSVORSCHLÄGE

Barley: Englisch für Gerste
Brewster: Englische Bezeichnung für einen Bierbrauer
Porter: Ein dunkler Bierstil
Stout: dunkler Bierstil mit kräftigen Geschmack
Hop: kurz für Hopfen (eine wichtige Zutat)
Pilsner: Ein beliebter heller Bierstil
Amber: Bezieht sich auf die Bernsteinfarbe einiger Biere
Malt: Malz, eine Schlüsselzutat in Bier

16. Schwangerschaftswoche

Datum: bis

Ich fühle mich:

Sehr gut   Normal   Schlecht

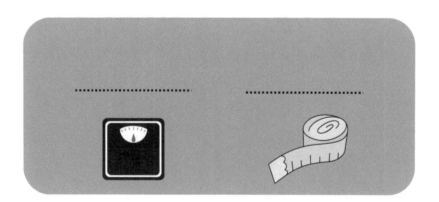

Meine Gedanken und Gefühle:

....

....

....

Erlebnisse in dieser Woche:

....

....

....

Hier ist Platz für ein Bauchfoto

Finde 5 Wörter diese werden dich auf dem Weg zu deinem Kind begleiten

A	G	E	D	U	L	D	E	R	X
P	L	I	E	B	E	E	R	H	Z
C	Ü	B	E	L	K	E	I	T	R
S	C	H	O	K	O	L	A	D	E
S	K	Z	C	X	E	P	I	L	I
X	F	N	L	U	N	M	U	T	R
U	R	P	C	I	T	L	F	S	L
V	A	X	R	K	S	E	X	L	O
V	U	L	P	I	P	F	C	E	Z
C	S	C	H	L	A	F	G	T	X
B	C	B	M	O	N	H	F	R	I
E	H	D	X	L	N	U	F	U	N
O	E	S	X	P	E	W	S	Y	Z
I	F	C	E	A	N	C	Z	O	R

Finde 5 Wörter diese werden dich auf dem Weg zu deinem Kind begleiten

B	I	E	R	T	S	S	A	C	R
D	L	I	E	B	E	E	G	N	B
B	I	E	R	Y	X	W	O	D	A
E	X	A	N	T	R	A	G	B	D
Z	B	L	D	U	B	W	N	S	E
B	T	K	D	B	I	E	R	Z	W
B	D	O	K	H	E	D	E	T	A
C	F	H	L	P	R	H	D	T	N
G	U	O	D	X	W	T	E	I	N
H	G	L	A	C	H	E	N	J	E
D	U	R	C	H	F	A	L	L	T
H	E	G	V	N	O	U	D	X	W
T	H	B	A	B	Y	B	E	T	T
H	Q	G	D	H	U	J	F	O	L

Bitte ausfüllen

Datum:

So viele Bier habe ich diese Woche schon getrunken:

(1-3) (4-6) (7-9) (10-13) (14-25)

Hier ist Platz für deinen Bierbauch

[?] Welche Vater-Skills glaubst du, wirst du am besten beherrschen?

....

....

[?] Wie viele Bierkapseln denkst du, könntest du sammeln, bevor das Baby da ist?

....

[?] Fühlst du dich schon wie ein Vater oder bist du noch immer der, der gerne Bier trinkt?

....

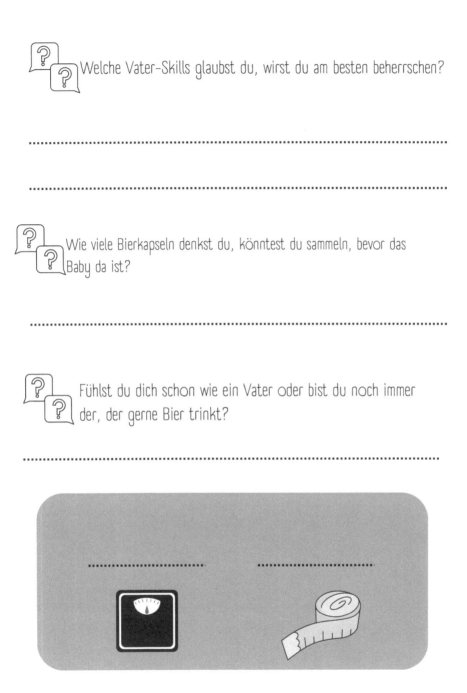

17. Schwangerschaftswoche

Datum: _____ bis _____

Ich fühle mich:

   Sehr gut   Normal   Schlecht

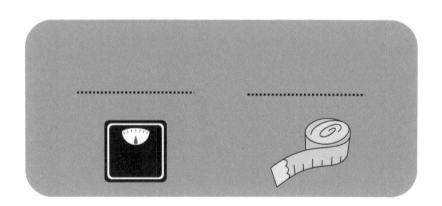

Meine Gedanken und Gefühle:

....

....

....

Erlebnisse in dieser Woche:

....

....

....

Was denkst du, wem wird euer Kind ähnlicher sein? Dir oder deinem Partner?

....

18. Schwangerschaftswoche

Datum: _____ bis _____

Ich fühle mich:

  Sehr gut   Normal   Schlecht

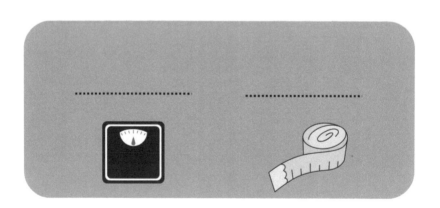

Meine Gedanken und Gefühle:

....

....

....

Erlebnisse in dieser Woche:

....

....

....

Welche Schwangerschaftsgelüste hast du? Chips, Obst und Essiggurken oder doch Schokolade?

....

....

19. Schwangerschaftswoche

Datum: _____ bis _____

Ich fühle mich:

Sehr gut   Normal   Schlecht

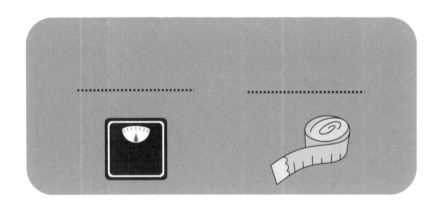

Meine Gedanken und Gefühle:

....

....

....

Erlebnisse in dieser Woche:

....

....

....

Wen glaubst du wird euer Baby so richtig um den Finger wickeln?

....

....

20. Schwangerschaftswoche

Datum: _____ bis _____

Ich fühle mich:

Sehr gut   Normal   Schlecht

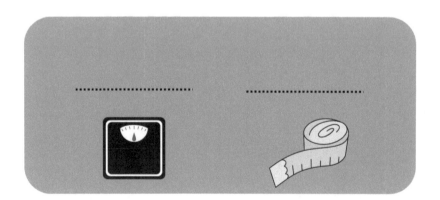

Meine Gedanken und Gefühle:

....

....

....

Erlebnisse in dieser Woche:

....

....

....

Wenn euer Kind später über Papas Bierbauch lacht, wie würdest du es ihm erklären?

....

....

5 humorvolle Tipps für Väter die gerne einmal ein Bier trinken

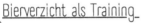 Bierverzicht als Training
Sieh den Verzicht auf Bier als Training für die bevorstehenden, zukünftigen Nächte. Falls du das schaffst, ist für dich ein schreiendes Baby mitten in der Nacht nicht mehr so schlimm.

 Bierkapsel Sammlung als Erziehungstool
Beginne eine Bierkapsel Sammlung um deinem Kind später von "Papas wilden Zeiten" zu erzählen

Wickeltisch-Training mit Bierflaschen
Übe das Windelwechseln an Bierflaschen - aber pass gut auf! Die Flasche zappelt nicht so wie das Baby das kommen wird.

Bierdosen stapeln als Geduldsspiel:
Dabei trainierst du deine Geduld, indem du die Bierdosen übereinander stellst - eine nützliche Fähigkeit für spätere Spielzeug-Aufräumaktionen.

 Bierflaschen als Gewichte
Nutze Bierflaschen als Gewicht für ein Vater-Fitnessprogramm. Ein Baby den ganzen Tag zu tragen kann schwer sein.

21. Schwangerschaftswoche

Datum: .... bis ....

Ich fühle mich:

Sehr gut   Normal   Schlecht

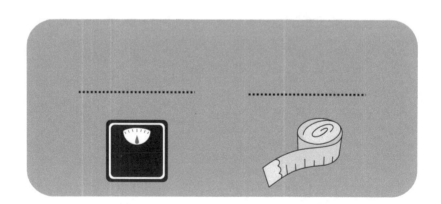

Meine Gedanken und Gefühle:

....

....

....

Erlebnisse in dieser Woche:

....

....

....

Hier ist Platz für ein Bauchfoto

22. SCHWANGERSCHAFTSWOCHE

Datum: _____ bis _____

Ich fühle mich:

Sehr gut   Normal   Schlecht

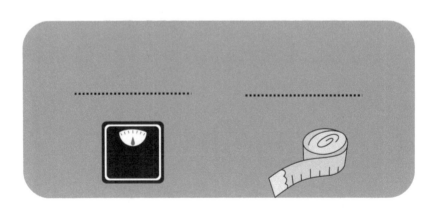

Meine Gedanken und Gefühle:

....

....

....

Erlebnisse in dieser Woche:

....

....

....

Was glaubst du welches Hobby wird euer Kind definitiv nicht erben?

....

....

23. Schwangerschaftswoche

Datum: bis

Ich fühle mich:

Sehr gut   Normal   Schlecht

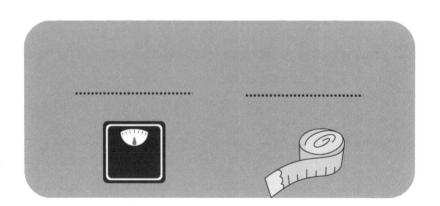

Meine Gedanken und Gefühle:

....

....

....

Erlebnisse in dieser Woche:

....

....

....

Welche Mama-Superkraft würdest du gerne besitzen?

....

....

24. Schwangerschaftswoche

Datum: bis

Ich fühle mich:

Sehr gut Normal Schlecht

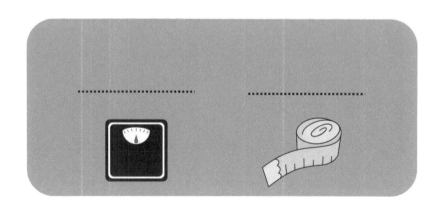

Meine Gedanken und Gefühle:

....

....

....

Erlebnisse in dieser Woche:

....

....

....

Wenn du einen Tag deine Schwangerschaftsbeschwerden abgeben könntest, würdest du es tun?

....

....

Das dritte Trimester

7.- 10. Monat (25.-40. Schwangerschaftswoche)

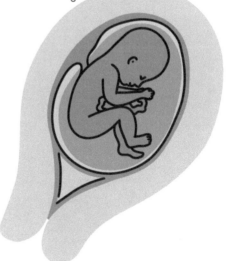

25. Schwangerschaftswoche

Datum:　　　　　　　bis

Ich fühle mich:

Sehr gut　　　Normal　　　Schlecht

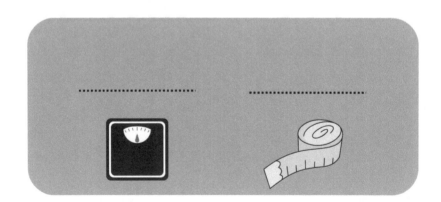

Meine Gedanken und Gefühle:

....

....

....

Erlebnisse in dieser Woche:

....

....

....

Hier ist Platz für ein Bauchfoto

Woran denkst du wenn du das siehst?

Schreibe deine Gedanken rundherum

Woran denkst du wenn du das siehst?

Schreibe deine Gedanken rundherum

26. Schwangerschaftswoche

Datum: _____ bis _____

Ich fühle mich:

Sehr gut   Normal   Schlecht

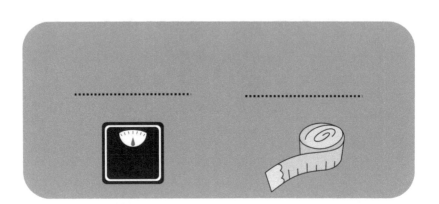

Meine Gedanken und Gefühle:

....

....

....

Erlebnisse in dieser Woche:

....

....

....

Welches Kinderbuch würdest du deinen Baby am häufigsten vorlesen, nur um es selbst zu hören?

....

....

Bitte ausfüllen

Datum:

So viele Bier habe ich diese Woche schon getrunken:

(1-3) (4-6) (7-9) (10-13) (14-40)

Hier ist Platz für deinen Bierbauch

Was wäre der schlimmste Name, den du deinem Kind niemals geben würdest?

....

....

Welches Bier wirst du trinken um die Geburt eures Kindes zu feiern?

....

Platz für wichtige Notizen:
....
....
....
....

27. Schwangerschaftswoche

Datum: _____ bis _____

Ich fühle mich:

Sehr gut Normal Schlecht

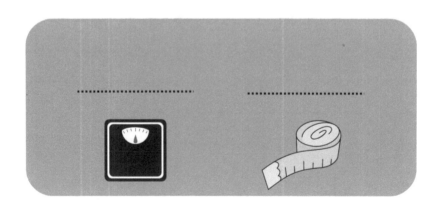

Meine Gedanken und Gefühle:

....

....

....

Erlebnisse in dieser Woche:

....

....

....

Hast du dir schon Gedanken darüber gemacht wie dass Zimmer eures Kindes aussehen soll?

....

....

28. Schwangerschaftswoche

Datum: _____ bis _____

Ich fühle mich:

Sehr gut Normal Schlecht

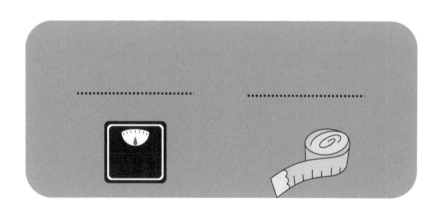

Meine Gedanken und Gefühle:

....

....

....

Erlebnisse in dieser Woche:

....

....

....

Habt ihr euch schon überlegt wer der Partenonkel/ tante werden wird? Spielt die Anzahl wie viel Bier er/ sie an einem Abend schafft auch eine Rolle?

....

....

....

29.Schwangerschaftswoche

Datum: .... bis ....

Ich fühle mich:

Sehr gut Normal Schlecht

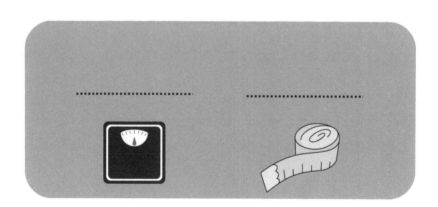

Meine Gedanken und Gefühle:

....

....

....

Erlebnisse in dieser Woche:

....

....

....

Hier ist Platz für ein Bauchfoto

31. Schwangerschaftswoche

Datum: bis

Ich fühle mich:

Sehr gut   Normal   Schlecht

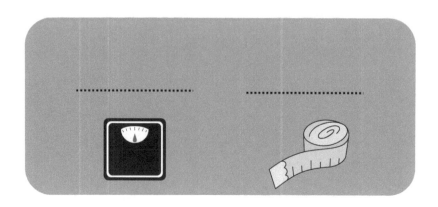

Meine Gedanken und Gefühle:

....

....

....

Erlebnisse in dieser Woche:

....

....

....

Wie verhält sich euer Baby diese Woche im Bauch?
Ninja, Faultier, Tänzer,...

....

....

32.Schwangerschaftswoche

Datum: bis

Ich fühle mich:

Sehr gut   Normal   Schlecht

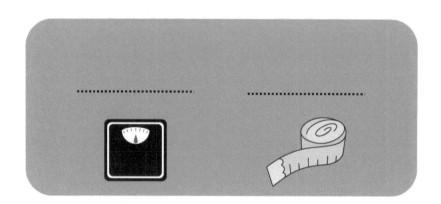

Meine Gedanken und Gefühle:

....

....

....

Erlebnisse in dieser Woche:

....

....

....

Wie groß ist dein Verlangen nach Bier?

0% 100%

33. Schwangerschaftswoche

Datum: _____ bis _____

Ich fühle mich:

Sehr gut   Normal   Schlecht

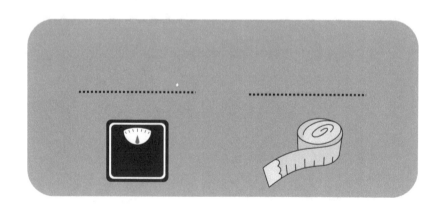

Meine Gedanken und Gefühle:

....

....

....

Erlebnisse in dieser Woche:

....

....

....

Hier ist Platz für ein Bauchfoto

Auch mal was für den Mann

Bitte ausfüllen

Datum:

So viele Bier habe ich diese Woche schon getrunken:

(1-3) (4-6) (7-9) (10-13) (14-40)

Hier ist Platz für deinen Bierbauch

❓ Wie würdest du reagieren wenn dein Kind später sagen würde es mag kein Bier?

....

....

❓ Könntest du dir einen Ausflug für Väter vorstellen, bei dem sowohl Biergenuss als auch das Windelwechseln integriert sind?

....

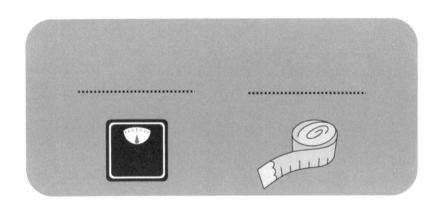

Sätze die der Mann vermeiden solltest wenn die Geburt losgeht

Ich hoffe das geht schnell, ich wollte am Abend mit den Männern ein Bier trinken

IMusst das so laut sein? Kannst du nicht leiser atmen?

Jetzt übertreibst du aber.

Letzte Woche hat jemand erzählt, das seine Geburt 36 Stunden gedauert hat.

34.Schwangerschaftswoche

Datum: _____ bis _____

Ich fühle mich:

Sehr gut   Normal   Schlecht

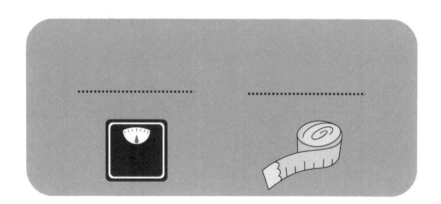

Meine Gedanken und Gefühle:

....

....

....

Erlebnisse in dieser Woche:

....

....

....

Was vermisst du mehr in der Schwangerschaft – Sushi oder Alkohol?

....

....

35. SCHWANGERSCHAFTSWOCHE

Datum: _____ bis _____

Ich fühle mich:

Sehr gut　　　　Normal　　　　Schlecht

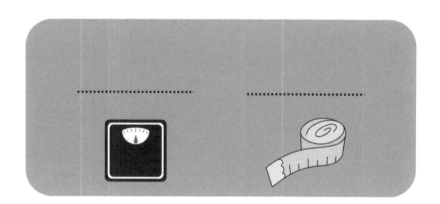

Meine Gedanken und Gefühle:

....

....

....

Erlebnisse in dieser Woche:

....

....

....

Was denkst du, wie du am besten deinen Mann vom täglichen Bierchen abhalten kannst, wenn das Baby dann da ist?

....

....

Wie viele Bier hast du früher mit deinem Partner getrunken? Und denkst du du kannst mit dem Baby danach so weiter machen?

....

Halte dein Schwangerschafts-Brain in Schuss

Stoppe mit wie lange du gebraucht hast:

Versuche den Weg des Labyrinths zu finden

Erhöhe den Schwierigkeitsgrad wenn du möchtest und trinke vorher 3 Bier;

Stoppe mit wie lange zu dabei brauchst:

36. Schwangerschaftswoche

Datum: bis

Ich fühle mich:

Sehr gut   Normal   Schlecht

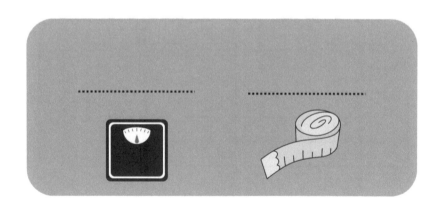

Meine Gedanken und Gefühle:

....

....

....

Erlebnisse in dieser Woche:

....

....

....

Hast du eure Kliniktasche schon zusammengepackt? Du hast das Bier hoffentlich für deinen Partner nicht vergessen.

....

....

Sätze die man bei der Geburt besser nicht sagen sollte

Das kann doch nicht so weh tun, oder?

Ich bin so müde. Das dauert mir jetzt aber echt zu lange.

Es sieht eher aus wie in einem Horrorfilm

Ich glaube ich werde ohnmächtig – das ist zu viel für mich.

WAS FÜR DEN MANN

Bitte ausfüllen

Datum:

So viele Bier habe ich diese Woche schon getrunken:

(1-3) (4-6) (7-9) (10-13) (14-25)

Hier ist Platz für deinen Bierbauch

Wenn du einen Tag schwanger sein könntest was würdest du tun?

....

....

Wie bereitest du dich auf die ultimative Herausforderung vor, einhändig Windel zu wechseln, während du mit der anderen Hand ein Bier hältst?

....

....

Hast du gewisse Vorstellungen, was im Kinderzimmer nicht fehlen darf? Dabei ist ein Zapfhahn im Zimmer nicht gemeint.

....

....

37. Schwangerschaftswoche

Datum: bis

Ich fühle mich:

Sehr gut   Normal   Schlecht

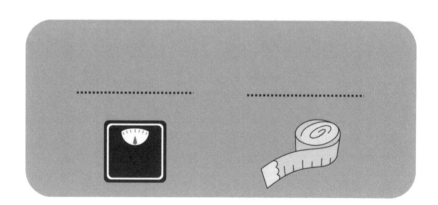

Meine Gedanken und Gefühle:

....

....

....

Erlebnisse in dieser Woche:

....

....

....

Hier ist Platz für ein Bauchfoto

38.Schwangerschaftswoche

Datum: bis

Ich fühle mich:

Sehr gut　　　　Normal　　　　Schlecht

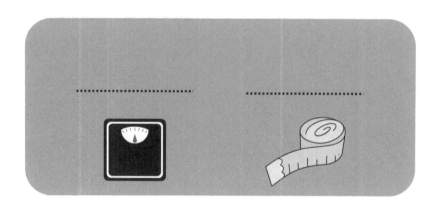

Meine Gedanken und Gefühle:

....

....

....

Erlebnisse in dieser Woche:

....

....

....

Welche magische Fähigkeit würdest du dir während deiner Schwangerschaft wünschen? Unsichtbarkeit, um dich vor ungewollten Berührungen deines Bauches zu schützen?

....

....

Wie viele Stunden Schlaf hast du noch am Stück?

....

Achtsamkeitsübungen für Sie und Ihn

Bauch - Bier - Balance

Ziel:

Diese Übung verbindet Entspannung mit einem humorvollen Augenzwinkern, indem sie die Schwangerschaft mit dem Biergenuss des Partners auf eine lustige Art und Weise kombiniert.

Anleitung:
- Der werdende Vater hält ein Bier in der einen Hand und legt die andere sanft auf den Bauch der werdenden Mutter.

- Beide schließen die Augen und konzentrieren sich auf ihre Atmung. Die werdende Mutter atmet tief ein und aus, fühlt die Bewegungen des Babys, während der werdende Vater versucht, den Rhythmus ihres Atems mit dem Schlürfen seines Bieres zu synchronisieren.

- Stellt euch vor, wie bei jedem Atemzug Liebe und Heiterkeit zum Baby strömen und wie jeder Schluck Bier den werdenden Vater daran erinnert, dass das Leben voller kleiner Freuden ist.

- Lacht gemeinsam über diese ungewöhnliche, aber liebevolle Verbindung zwischen Bauch und Bier.

39. Schwangerschaftswoche

Datum: bis

Ich fühle mich:

Sehr gut   Normal   Schlecht

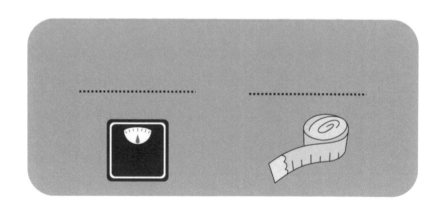

Meine Gedanken und Gefühle:

....

....

....

Erlebnisse in dieser Woche:

....

....

....

Hier ist Platz für ein Bauchfoto

40. Schwangerschaftswoche

Datum: _____ bis _____

Ich fühle mich:

Sehr gut   Normal   Schlecht

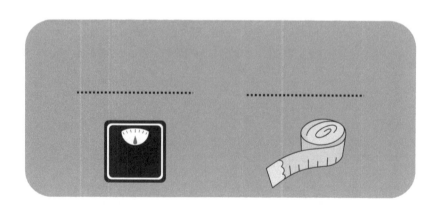

Meine Gedanken und Gefühle:

....

....

....

Erlebnisse in dieser Woche:

....

....

....

Hier ist Platz für ein Bauchfoto

Zeitvertreib für den Kreissaal

Babys können im Mutterleib bereits Grimassen ziehen.

Wusstest du dass,... Neugeborene bis zu 16 Stunden am Tag schlafen können?

Faszinierend! Babys werden mit etwa 300 Knochen geboren, aber Erwachsene haben nur 206.

FUN- FACTS

Babyschwimmen ab Minute eins! Babys haben angeborene Fähigkeiten und Reflexe die es ihnen ermöglicht unter Wasser zu schwimmen und die Luft anzuhalten (vergeht nach ein paar Monaten wieder)

In den ersten Monaten weinen Babys ohne Tränen da der Tränenkanal noch nicht vollständig ausgebaut ist

WITZE-KISTE

Eine Blondine heult nach der Geburt ihrer Zwillinge. Die Krankenschwester fragt, warum sie denn so weine. Die Blondine antwortet: "Ich kann mich einfach nicht daran erinnern, von wem das zweite ist."

Während des Geburtsvorbereitungskurses fragt die Hebamme die werdenden Väter: "Wer von euch weiß, was Kontraktionen sind?" Ein Vater antwortet: "Ist das nicht der Zeitpunkt, an dem man schnell zum Kühlschrank rennt, um ein Bier zu holen, bevor es ernst wird?"

WILLKOMMEN BEI UNS

Hier ist Platz für ein Foto

An diesem Tag kamst du zur Welt:
....

So viel hast du bei deiner Geburt gewogen:
....

So heißt du:
....

So groß warst du:
....

Geboren wurdest du in:
....

So verlief eure Geburt:

....

....

....

....

....

....

....

....

War der Partner eine große Hilfe?

....

....

....

....

....

Wie viel Bier denkst du, hat dein Partner vorher getrunken?

(1-3) (4-6) (7-9) (10-13) (14-24)

Was war dein erster Wunsch nachdem das Baby da war?

....

....

....

....

Wie habt ihr die ersten Tage verbracht?

....

....

....

....

Wie hast du die Geburt erlebt?

Falls du überhaupt noch etwas weißt

....

....

....

....

So viele Bier hattest du davor getrunken:

(1-3) (4-6) (7-9) (10-13) (14-24)

Wie hast du dich bei der Geburt gefühlt?

- ◯ Ruhig
- ◯ Durstig
- ◯ Aufgeregt
- ◯ freudig

- ◯ Hungrig
- ◯ Hibbelig
- ◯ etwas übel
- ◯ Durstig

Die erste Person, die ihr angerufen habt, als das Baby da war, war wer?

....

Wie viel Bier hast du danach mit deinen Freunden/ Familie getrunken?

(10-20)   (21-30)   (31-50)   (50-90)

Was gibt es jetzt für dich zu Hause noch zu erledigen, um die Partnerin Glücklich zu machen?

- ◯ Die Bierflaschen wegräumen
- ◯ Die Wäsche waschen
- ◯ fehlende Sachen für das Baby besorgen
- ◯ Bevor du sie abholst, duschen!
- ◯ Blumenstrauß
- ◯ Alkoholfreies Bier für Sie besorgen
- ◯ ....
- ◯ ....

- ◯ Staubsaugen
- ◯ Blumen gießen
- ◯ Partyreste sorgfällitig verschwinden lassen
- ◯ Frisch das Bett beziehen
- ◯ Nüchtern sein
- ◯ Babyschale im Auto montieren
- ◯ ....
- ◯ ....

Hier ist noch Platz für weitere To-Do's

Copyright Deutschsprachige Erstausgabe März 2024
Copyright © 2024 Novapenso Verlag & Marketing GmbH
Alle Rechte vorbehalten.
Nachdruck, auch auszugsweise, nicht gestattet.

Das Werk, ausschließlich seiner Teile, ist urheberrechtlich geschützt.
Jede Verwertung ist ohne Zustimmung des Verlages unzulässig.

Dies gilt insbesondere für die elektronische oder sonstige Vervielfältigung,
Übersetzung, Verbreitung und öffentliche Zugänglichmachung.

Covergestaltung: Wolkenart - Marie- Katharina Becker, www.wolkenart.com
Design Inlay: Nadja Schießwald
Herstellung und Verlag: W4 Verlag
Tom Schiesswald
Großweißenbach 135
3913 Großgöttfritz
1. Auflage
ISBN: 978-3-9519987-1-8

Printed in Poland
by Amazon Fulfillment
Poland Sp. z o.o., Wrocław

34829195R00067